Der Rechtsspruch gegen Shylock im „Kaufmann von Venedig".

Ein Beitrag zur Würdigung Shakespeares

von

Dr. jur. Theodor Niemeyer
Universitätsprofessor in Kiel.

München und Leipzig
Verlag von Duncker & Humblot
1912.

Ernst von Possart

zugeeignet.

Wenn ich als Rechtsforscher mich unterfange, über den Rechtsspruch gegen Shylock zu sprechen, so schöpfe ich meine Legitimation in erster Linie nicht aus der Fachkenntnis des Juristen, vielmehr aus der Liebe und Bewunderung für den Genius Shakespeare's, ich könnte anstatt dessen auch sagen: aus dem Glauben an die heilige Dreieinigkeit des Wahren, Schönen und Guten.

Ich will nicht den Spuren jener wissenschaftlichen Spezialisten folgen, welche wie Harting über Shakespeares Ornithologie, Patterson über das Insektenleben bei Shakespeare, Beisly, Percy und Grindon über die Flora Shakespeares umfangreiche Monographien geschrieben haben und die z. B. die 126 Pflanzenarten nachgewiesen haben, deren Eigenart und Blütezeit der Dichter mit der Sicherheit intimster Naturbeobachtung stets unfehlbar richtig behandelt. Eher möchte ich mich in meiner Betrachtungsweise den Psychiatrikern anschließen, welche des Dichters erstaunliche Kenntnis der kranken wie der gesunden Seele nicht genug zu rühmen wissen, oder den Philosophen und Theosophen, welche, wie Vischer in den kritischen Gängen, den Geist der Philosophie und der Religion in ihm vereinigt finden, da er „niemals und immer religiös" ist.

Es fehlt keineswegs an juristischer Literatur über Shakespeare:

Campbell und Rushton haben in den 50er Jahren des 19. Jahrhunderts aus den Werken des Dichters nachzuweisen versucht, daß er eine Einzelkenntnis der juristischen Einrichtungen und Begriffe besessen habe, welche zu der Annahme nötige, er habe längere Zeit in Anwaltsdiensten gearbeitet.

Im Jahre 1872 hat dann Rudolph v. Ihering in seinem berühmten Vortrag „Der Kampf ums Recht" die hergebrachte Bewunderung für den Spruch der Portia heftig getadelt. Ihering hat diesen Spruch mit großer Schärfe angegriffen und ihn geradezu als einen „elenden Winkelzug, einen kläglichen Rabulistenkniff" bezeichnet. Ihering findet, daß durch diesen Spruch Shylock einem wahrhaft tragischen Los verfällt, indem sein Schicksal durch des Wucherers gerechten Kampf für sein Recht, und für das Recht Venedigs verklärt werde. Dagegen hat dann Joseph Kohler den Spruch der Portia gefeiert als den Sieg Sarastros über die Mächte der Nacht, als den Triumph des wahren Rechtes über die Karrikatur des Rechtes. Kohler verteidigt diese Auffassung mit derselben Emphase, wie Ihering das Gegenteil. Und zwar unternimmt Kohler nicht etwa nur eine allgemein philosophische, sondern eine speziell juristische Begründung seiner Auffassung. Er kommt zu dem Resultat, daß Portias Entscheidung im Ergebnis richtig und nur in der Begründung falsch sei.

Neuerdings endlich hat ein französischer Jurist, Professor Huvelin in Lyon, einen geistvollen Vortrag drucken lassen: „Le procès de Shylock". Huvelin erklärt den Spruch der Portia sowohl in der Entscheidung als in der Begründung für richtig, da nach der strengen und formalistischen Rechtsanschauung, welche den Pakt selbst als gültig behandle, auch die strenge und formalistische Auslegung zutreffend sei, welche die Portia anwendet.

Ich muß gestehen, daß mich keine dieser drei Auffassungen befriedigt, wenn ich auch in jeder dieser Anschauungen richtige Beobachtungen finde und besonders mich der Ihering'schen zuneige.

Ich halte, abweichend von Kohler und Huvelin, die Entscheidung im Ergebnis für falsch, und finde auch die Begründung rabulistisch und in keinem Sinne zutreffend, und zwar deswegen, weil die Gewährung eines Rechtes grundsätzlich die Gestattung der zur Rechtsausübung unentbehrlichen Mittel in sich schließt. Ich finde ferner, daß die gegen Shylock geübte Vermögenskonfiskation und der Zwang zur Annahme des Christentums Brutalitäten sind, welche so wenig der ewigen Gerechtigkeit wie dem jemals gesetzten menschlichen Rechte entsprechen. Ich erblicke daher in Shylocks Schicksal wahre Tragik. Es ist natürlich nicht die Tragik einer heldenhaften Persönlichkeit; es ist die Tragik eines Menschen, der untergeht als Opfer eines typischen Konfliktes, eines Konfliktes, der nicht nur in seiner Person liegt, auch nicht nur in der Zwiespältigkeit der allgemeinen Anschauungen seiner Mitwelt, sondern in der zwiespältigen Natur alles Rechtes.

Für diese Auffassung unter den Verehrern Shakespeares Freunde zu gewinnen, ist der Zweck der folgenden Darlegungen.

Der Pakt, nach welchem Shylock ein Pfund Fleisch seines Schuldners zu verlangen hat, ist in Wahrheit nach dem zur Zeit der Handlung in Venedig geltenden Recht erlaubt und exekutionsfähig. Aber alle Welt rechnet darauf, daß mit dieser Rechtswirksamkeit nicht Ernst gemacht wird. Nur Shylock glaubt felsenfest an die Unbeugsamkeit des Rechtes. Durch dieses unbeirrbare Rechtsvertrauen bringt er den Dogen und den Senat in eine unendlich peinliche Verlegenheit.

Die höchste Obrigkeit und der Staatsgerichtshof Venedigs wissen sich demgegenüber tatsächlich nicht mehr zu helfen.

Man macht von dem Recht Gebrauch, die Entscheidung einem Doctor juris zu übertragen.

Portia, die Frau, im Moment höchster Not wie ein Rettungsengel erscheinend, versucht es mit Güte; sie setzt den Wucherer in das äußerste moralische Unrecht. Sie schärft den Konflikt bis zu der äußersten Spannung, indem sie die Gnade des Feindes anruft und ihm erschütternd eine letzte Mahnung und Gelegenheit zum Rechtsverzichte gibt. Da, als dieser letzte Versuch, das geltende Recht aufrecht zu erhalten, abprallt an der unerweichlichen Hartherzigkeit und mehr noch an der heißen Rachsucht des Juden, als schon das Messer vor aller Augen gewetzt und die Brust des königlichen Kaufmanns Antonio entblößt wird, als jedermann fühlt, das furchtbare Äußerste darf nicht, es wird nicht geschehen, da greift Portia zu einem rettenden Strohhalm, zu einer Weiberlist, mit welcher sie einen Triumph jener wundervollen, alle Interpretationskunst der Männer in Schatten stellenden Frauenlogik feiert, — mit welcher auch die Weiber von Weinsberg ihre Männer retteten. Sie hat den Mut der Rechtsbeugung, und die Klugheit, dieses Unrecht durch einen juristischen Trick zu maskieren, für den sie der dankbaren Anerkennung des Dogen und seines rechtsgelehrten Senates um so sicherer ist, als sie ja die alleinige Verantwortlichkeit für den verkehrten Spruch in aller Form Rechtens trägt. Sie ist erkennender Richter an Stelle des Senates geworden, nachdem der Senat die Entscheidung dem Rechtsgelehrten Bellario in Padua übertragen und dieser die Portia beauftragt und bevollmächtigt hat, die Entscheidung zu verkünden.

Man tut, glaube ich, dem Dichter Unrecht, wenn man annimmt, er wolle den Spruch der Portia als eine juristisch zutreffende Anwendung des Rechtes von Venedig angesehen wissen. Wer sagt denn, daß Shakespeare die Entscheidung für juristisch zutreffend oder auch nur für an und für sich befriedigend hält? Gewiß: der Dichter rechnet darauf, daß das Unterbleiben der blutigen Prozedur vom Zuschauer als Erlösung begrüßt, daß das Eingreifen der Portia als Befreiung von einer unerträglichen Beklemmung empfunden wird. Noch mehr: ich glaube, daß der Dichter erwartet, auch die über diese Befreiung hinausgehende Vernichtung der moralischen Existenz Shylocks, wobei der Doge und Portia sich in Grausamkeit überbieten, werde von seinem Theaterpublikum mit Genugtuung empfunden werden. Aber dieses alles nötigt doch keineswegs zu dem Schlusse, daß Shakespeare das Mittel, mit welchem die Lösung herbeigeführt wird, für juristisch hieb- und stichfest hält. Vielmehr ist mit jener Erwartung des Dichters vollkommen verträglich, daß ihm die juristische Richtigkeit des Spruches ganz gleichgültig ist, daß es ihm nur ankommt auf den Sieg der immanenten Vernunft und Gerechtigkeit, welcher mittelst des Spruches erreicht wird. Und noch weiter: ich denke, die Rabulistik des Verfahrens ist dem scharfsinnigen Weltweisen und gewiegten Juristen, der Shakespeare war, vollkommen bewußt gewesen. Er hat sich ja in keiner Weise mit dem Spruch identifiziert. Wir dürfen uns die treffende Formel aneignen, daß Shakespeare stets nur „der Natur und der Menschheit einen dramatischen Spiegel vorhält". Er schildert Verbrecher und Helden, wie sie sind. Er stellt auch die Konflikte des Lebens dar, wie sie sind. Warum sollte er es gerade mit dem Rechtsleben anders halten? Die Freisprechung der Wera Sassulitsch durch die russischen Geschworenen und so mancher ähnliche Fall, die Tätigkeit des Richters Lynch, ja auch die stattliche Reihe kulturbefreiender Staatsstreiche und Revolutionen, welche die Weltgeschichte gesehen hat und sehen wird, wodurch unerträgliche Rechtszustände mit dem Mittel des Rechtsbruches beseitigt werden, liegen auf derselben Linie wie der Spruch der Portia.

Bevor ich diese Überzeugung näher zu begründen versuche, sei der Rechtshandel zwischen Shylock und Antonio in kurzem Abriß in das Gedächtnis zurückgerufen:

Bassanio liebt Portia, die vielumworbene Herrin des Landsitzes Belmont. Er hat durch Verschwendung nicht nur sein Vermögen verloren, sondern er hat auch schon eine große Darlehnsschuld stehen bei seinem Freund, dem Kaufmann Antonio, der ihn zärtlich liebt. Bassanio will nun um Portia's Hand werben. Es fehlen ihm aber die Mittel zum standesgemäßen

Auftreten bei der Freiung. Deswegen bittet er den Antonio um ein neues Darlehn. Antonio hat sein gesamtes großes Barvermögen in Schiffsunternehmungen engagiert. Er sagt:

> Mir fehlt's an Geld und Anstalt, eine Summe
> Gleich bar zu heben, also geh', sieh' zu,
> Was in Venedig mein Kredit vermag;
> Den spann' ich an, bis auf das Äußerste,
> Nach Belmont Dich für Portia auszustatten.
> Geh', frage gleich herum, ich will es auch,
> Wo Geld zu haben: ich bin nicht besorgt,
> Daß man uns nicht auf meine Bürgschaft borgt.

Bassanio geht zu Shylock, bittet ihn um 3000 Dukaten auf drei Monate gegen die Bürgschaft Antonios. Shylock besinnt sich und will, bevor er das Geschäft zusagt, zunächst mit Antonio sprechen. Shylock weiß, daß Antonio sich in einer Geschäftskrisis befindet und seine Zahlungsfähigkeit bedroht ist. Er haßt den Christenkaufmann besonders, „weil er umsonst Geld ausleiht und den Preis der Zinsen herunterbringt", aber auch deswegen, weil er sein heilig Volk haßt, und ihn, den Shylock, persönlich wie einen Hund beschimpft und mißhandelt hat.

Sofort schießt dem Shylock der Gedanke auf: „Wenn ich ihm mal die Hüfte rühren kann, so tu' ich meinem alten Grolle gütlich". — Antonio kommt und erklärt dem Shylock, daß er sonst niemals Geld auf Zinsen gebe oder nehme, daß er aber, weil sein Freund Bassanio das Geld dringend benötige, diese Sitte brechen wolle. Shylock erklärt nun nach dem berühmten Dialog über die Berechtigung der Zinsen, daß er auf Zinsen verzichte, wenn Antonio sich durch notarielle Urkunde verpflichte, ihm ein Pfund Fleisch zur Buße zu setzen, falls das Geld nicht pünktlich zurückgezahlt werde.

Die Abrede kommt folgendermaßen zustande:
Antonio fragt:

> Nun, Shylock, soll man Euch verpflichtet sein?

Shylock antwortet:
>Signor Antonio, viel und oftermals
>Habt Ihr auf dem Rialto mich geschmäht
>Um meine Gelder und um meine Zinsen;
>Stets trug ich's mit geduld'gem Achselzucken,
>Denn Dulden ist das Erbteil unsers Stamms.
>Ihr scheltet mich ungläubig, einen Bluthund
>Und speit auf meinen jüd'schen Rockelor,
>Bloß weil ich nutze, was mein eigen ist.
>Gut denn, nun zeigt es sich, daß Ihr mich braucht.
>Da habt Ihr's; Ihr kommt zu mir, und Ihr sprecht:
>„Shylock, wir wünschten Gelder." So sprecht Ihr,
>Der mir den Auswurf auf den Bart geleert
>Und mich getreten, wie Ihr von der Schwelle
>Den fremden Hund stoßt; Geld ist Eu'r Begehren.
>Wie sollt' ich sprechen nun? Sollt' ich nicht sprechen:
>„Hat ein Hund Geld? Ist's möglich, daß ein Spitz
>Dreitausend Dukaten leihn kann?" oder soll ich
>Mich bücken und in eines Knechtes Ton,
>Demütig wispernd, mit verhalt'nem Odem
>So sprechen: „Schöner Herr, am letzten Mittwoch
>Spiet Ihr mich an; Ihr tratet mich den Tag;
>Ein andermal hießt Ihr mich einen Hund.
>Für diese Höflichkeiten will ich Euch
>Die und die Gelder leihn."

Antonio:
>Ich könnte leichtlich wieder so dich nennen,
>Dich wieder anspein, ja mit Füßen treten.
>Willst du dies Geld uns leihen, leih's uns nicht
>Als deinen Freunden; denn wann nahm die Freundschaft
>Vom Freund Ertrag für unfruchtbar Metall?
>Nein, leih' es lieber deinem Feind. Du kannst,
>Wenn er versäumt, mit bess'rer Stirn eintreiben,
>Was dir verfallen ist.

Shylock:
>Nun seht mir, wie Ihr stürmt!
>Ich wollt Euch Liebes tun, Freund mit Euch sein,
>Die Schmach vergessen, die Ihr mir getan,
>Das Nöt'ge schaffen und keinen Heller Zins
>Für meine Gelder nehmen; und Ihr hört nicht.
>Mein Antrag ist doch liebreich.

Antonio:
            Ja, das wär' er.
Shylock:
Und diese Liebe will ich Euch erweisen.
Geht mit mir zum Notarius, da zeichnet
Mir Eure Schuldverschreibung; und zum Spaß,
Wenn Ihr mir nicht auf den bestimmten Tag,
An dem bestimmten Ort, die und die Summe,
Wie der Vertrag nun lautet, wiederzahlt,
Laßt uns ein volles Pfund von Eurem Fleisch
Zur Buße setzen, das ich schneiden dürfe,
Aus welchem Teil von Eurem Leib ich will.

Antonio:
Es sei, aufs Wort! ich will den Schein so zeichnen
Und sagen, daß ein Jude liebreich ist.

Bassanio:
Ihr sollt für mich dergleichen Schein nicht zeichnen;
Ich bleibe dafür lieber in der Not.

Antonio:
Ei, fürchte nichts! Ich werde nicht verfallen.
Schon in zwei Monden, einen Monat früher,
Als die Verschreibung fällig, kommt gewiß
Zehnfältig der Betrag davon mir ein.

Shylock:
O Vater Abraham! über diese Christen,
Die eigne Härte anderer Gedanken
Argwöhnen lehrt. (Zu Bassanio.) Ich bitt' Euch, sagt mir doch,
Versäum' er seinen Tag, was hätt' ich dran,
Die mir verfall'ne Buße einzutreiben?
Ein Pfund von Menschenfleisch, von einem Menschen
Genommen, ist so schätzbar, auch so nutzbar nicht,
Als Fleisch von Schöpsen, Ochsen, Ziegen. Seht,
Ihm zu Gefallen biet' ich diesen Dienst:
Wenn er ihn annimmt, gut; wo nicht, lebt wohl,
Und, bitt' Euch, kränkt mich nicht für meine Liebe.

Antonio:
Ja, Shylock, ich will diesen Schein dir zeichnen.

Shylock:
So trefft mich gleich im Hause des Notars,
Gebt zu dem lust'gen Schein ihm Anweisung;
Ich gehe, die Dukaten einzusacken.

Man hat darauf Wert legen wollen, daß Shylock den Schein „zum Spaß" verlangt und von dem „lust'gen Schein" spricht, so daß der ganze Handel nur als Scherz gedacht und somit ohne alle rechtliche Absicht und Wirkung wäre. Das läßt sich aber nicht aufrecht erhalten. Shylock versteht sich zu dem für ihn unerhörten Verzicht auf Zinsenpflicht nur unter der Bedingung des Fleischpfandes. Dieses ist sein Aequivalent. Mit den Zinsen, die er dem Kaufmann erläßt, hat er's gekauft. In der Gerichtsszene sagt er: „Das Pfund Fleisch, das ich verlange, ist teur' gekauft, ist mein und ich will's haben". Und in diesem Sinn hat er vor seinen Freunden Chus und Tubal eidlich gelobt, er wolle lieber des Antonio Fleisch als den Betrag der Summe zwanzigmal, die er ihm schuldig sei. Aber auch alle anderen Beteiligten sind vollkommen klar darüber, daß die Fleischklausel ernst gemeint ist. Sie wird von Anfang an von allen als etwas Furchtbares gewürdigt. Als die drei Monate verstrichen sind und Antonio nicht zahlen kann, wird er zur Schuldhaft gebracht und somit in die Gewalt des Gläubigers gegeben, der nur noch des letzten Exekutionsspruches bedarf, um sein Recht zu vollstrecken. Wir sehen Antonio bis zu dem Grade zermürbt, daß er den Shylock mit flehenden Worten um Gnade bittet. Der Doge selber und die Senatoren alle von größtem Ansehen erflehen Milde von dem Juden. Das alles hätte keinen Sinn, wenn der Pakt nicht allerseits als ernst und rechtswirksam genommen würde. Vor allem aber erklärt ja Portia selbst ihn für gültig, nachdem sie gleich allen Anderen in der Gerichtsszene die Gnade des Juden angerufen und dann hinzugefügt hat:

> Dies hab' ich gesagt, um Deine
> Forderung des Rechts zu mildern.
> Wenn Du darauf bestehst, so muß Venedigs
> Gestrenger Hof durchaus dem Kaufmann dort
> Zum Nachteil einen Spruch tun.

Portia tut diesen Spruch in folgender Weise:

Zu Antonio gewendet:
> Bereitet Euren Busen für das Messer,
> Denn des Gesetzes Inhalt und Bescheid
> Hat volle Übereinkunft mit der Buße,
> Die hier im Schein als schuldig wird erkannt.

Zu Shylock gewendet:
> Ein Pfund von dieses Kaufmanns Fleisch ist Dein.
> Der Hof erkennt es und das Recht erteilt es.

Und nun folgt der Höhepunkt der Szene:

Shylock (die Wage erhebend):
> O höchst gerechter Richter! — Na, ein Spruch!
> Kommt, macht Euch fertig!

Portia:
> Wart' noch ein wenig! Eins ist noch zu bemerken:
> Der Schein hier gibt Dir nicht ein Tröpfchen Blut;
> Die Worte sind ausdrücklich: ein Pfund Fleisch.
> Nimm denn den Schein, und nimm Du Dein Pfund Fleisch;
> Allein vergießest Du, indem Du's abschneid'st,
> Nur einen Tropfen Christenblut, so fällt
> Dein Hab und Gut nach dem Gesetz Venedigs,
> Dem Staat Venedigs heim.

Es ist zu bemerken: Der Hergang ist nicht derart aufzufassen, daß Portia im Urteil den Anspruch Shylocks anerkennt und dann erst bei der Exekution ihm in den Arm fällt. Es handelt sich um einen ungeteilten Urteilsspruch, der in sich bedingt ist. Shylock fällt der Portia in die Rede, die Wage erhebend. Portia weist ihn zurück: „Wart' noch ein wenig", und nun fährt sie fort, indem sie ihrem Exekutionsurteil eine Bedingung hinzufügt, nämlich das Nichtvergießen von Blut.

Damit ist das Urteil gefällt und der Zivilprozeß „Shylock versus Antonio" beendet.

Was nunmehr folgt, ist eine Kriminalanklage gegen Shylock.

Portia sagt nach Fällung des ganzen Spruches zunächst noch einmal:

> Bereite Dich, das Fleisch zu schneiden.

Aber Portia weist nunmehr auf die drohenden strafrechtlichen Folgen hin, wenn Blut vergossen wird. Todesstrafe und Vermögenskonfiskation würden die Folge sein.

Shylock steht nun, nach einem vergeblichen Versuch, sein Kapital zu retten, von der Fleischexekution ab und will gehen mit den Worten:

> Ich will nicht länger Rede stehen.

Aber Portia läßt ihn nicht, sondern eröffnet ihm, daß er die angedrohte Anklage wegen Blutvergießens zwar durch seinen Verzicht vermieden habe, daß er einer anderen Anklage aber bereits unentrinnbar verfallen sei. Er habe bereits ein Verbrechen begangen, welches das Gesetz Venedigs mit Tod und Vermögensverlust bestrafe:

> Es wird verfügt in dem Gesetz Venedigs,
> Wenn man es einem Fremdling dargetan,
> Daß er durch Umweg oder geradezu
> Dem Leben eines Bürgers nachgestellt,
> Soll die Partei, auf die sein Anschlag geht,
> Die Hälfte seiner Güter an sich ziehen
> Die andre Hälfte fällt dem Schatz (Staat) anheim
> Und an des Dogen Gnade hängt das Leben
> Des Schuld'gen einzig, gegen alle Stimmen.

Da der Tatbestand dieses Gefährdungsverbrechens gegeben ist, deklariert nun der Doge:

> Damit Du siehst, welch andrer Geist uns lenkt,
> So schenk' ich Dir Dein Leben, eh' Du bittest.
> Dein halbes Gut gehört Antonio,
> Die andre Hälfte fällt dem Staat anheim,
> Was Nachsicht mildern kann zu einer Buße.

Da fällt Portia ein:

> Ja, für den Staat, nicht für Antonio

worauf Antonio dem Dogen folgendes Anerbieten macht: Er wolle an der ihm zufallenden Hälfte von Shylocks Vermögen nur den lebenslänglichen Nießbrauch haben und das Kapital selbst dem Mann hinterlassen, der Jessica, des Juden Tochter, kürzlich stahl, wenn folgende Bedingungen vom Dogen und von Shylock angenommen würden:

Der Staat Venedig beläßt dem Shylock die andere Hälfte seines Vermögens, d. h. er verzichtet auf sein Konfiskationsrecht. Dagegen bekennt Shylock gleich für diese Gunst das Christentum und schenkt von Todes wegen auch die ihm vom Staate geschenkte Hälfte seines Vermögens an seinen Schwiegersohn und seine Tochter.

Diesen Vorschlag akzeptiert der Doge sofort mit der unerhörten Wendung:

> Das soll er (Shylock) tun, ich widerrufe sonst
> Die Gnade, die ich eben hier erteilt.

Somit wird der von Antonio vorgeschlagene Vergleich vom Dogen durch Mißbrauch der Amtsgewalt erzwungen, und Portia beteiligt sich an der Erpressung, indem sie auf Shylock eindrängt:

> Bist Du's zufrieden, Jude? Nun, was sagst Du?

Shylock sagt:

> Ich bin's zufrieden.

Damit ist der Kriminalfall durch einen obrigkeitlich erzwungenen Vergleich beendigt.

Daß diese ganze Behandlung des Kriminalfalles in jedem Sinn und nach jedem Maßstab unjuristisch, ungerecht, unsittlich und roh ist, eine Preisgabe jedes rechtlichen und sittlichen Maßstabes, das sollte nicht bestritten werden. Vorurteilsfreie und genügend aufmerksame Zuschauer der Bühnendarbietung können sich hier dem Eindruck nicht entziehen, den ich meinerseits so beschreiben möchte:

Der unrechte Spruch der Portia hat den Deich der Gesetzestreue durchbrochen. Die Brandung der gegen den Juden empörten Leidenschaft, welche auch die Hüter des Gesetzes ergriffen hat, ist damit entfesselt und reißt die Schranken der Gesetzmäßigkeit vollends nieder. Die tragische Beigabe auch der gerechtesten Revolutionen, die Maßlosigkeit, stellt sich ein. Der regelmäßige Preis einer durch Rechtsbruch erreichten Rechtsverbesserung wird hier voll gezahlt, indem die Organe der Rechtspflege sich durch eine rohe Farce des Rechtes der inneren Würde berauben. Und damit ist Shylock auf die volle Höhe der Tragik gestellt.

Während somit die Behandlung des Kriminalfalles durch die Venezianische Obrigkeit, wie gesagt, nur als Exzeß des Rechtsbruches bezeichnet werden kann, ist die Beurteilung des vorhergegangenen Zivilprozesses sehr bestritten und zweifelhaft.

Will man darüber ein Urteil gewinnen, so muß man zunächst auf eine richtige Fragestellung bedacht sein.

Es kommt darauf an: Nach welchem Maßstab will man die Rechtsfrage beurteilen? Nach dem heute bei uns geltenden Recht? Oder nach dem Recht Englands zu der Zeit, als Shakespeare den Kaufmann von Venedig schrieb, also 1594? Oder endlich nach dem Rechte Venedigs zu der Zeit der Handlung?

Nach dem jetzt im Deutschen Reich geltenden Recht würde die Sache sehr einfach liegen: Die Fleischverpfändung würde ungültig sein, weil sie gegen die guten Sitten verstößt*). Wollte man aber auch den Vertrag selbst für gültig halten, so wäre doch die Ausübung des dem Shylock zustehenden Rechtes ausgeschlossen durch den sogenannten Schikane-Paragraphen, welcher die Ausübung eines Rechtes verbietet, die nur den Zweck haben kann, einem anderen Schaden zuzufügen.

Nicht so einfach liegt die Sache, wenn man das englische Recht des 16. Jahrhunderts zugrunde legt. Die rechtsgeschichtlichen Grundlagen für diesen Maßstab sind keineswegs zweifellos. Indessen läßt sich doch folgendes feststellen:

---

*) § 138 des Bürgerlichen Gesetzbuches für das Deutsche Reich.

Der Rechtshandel Shylocks wäre zu Shakespeares Zeit bis zu einem gewissen Grade möglich gewesen, und zwar ohne daß die Ungültigkeit des Paktes auf jene Gesichtspunkte hätte gestützt werden können, welche das heutige deutsche Recht an die Hand gibt: Verstoß gegen die guten Sitten und Schikaneverbot.

Es ist bekannt, daß das englische Recht bis in die jüngste Zeit hinein an der Buchstabeninterpretation und dem Formalismus in einem Maße festhielt, wovon wir uns kaum einen Begriff machen. Damit hängt zusammen, daß die Gerichte nicht den Mut und nicht das Recht hatten, Schuldscheine anders als wörtlich zu interpretieren und ferner, daß der in solchen Schuldscheinen zum Ausdruck kommende Vertragswille in absolutester Weise Anerkennung finden mußte. Die Berücksichtigung ungeschriebener, aus dem inneren Wesen und der obersten Aufgabe des Rechtes folgender freier Gesichtspunkte, wie bona fides, gute Sitten, Schikaneverbot war völlig ausgeschlossen.

Ein Beispiel dafür:

Es war seit alters englischer Brauch (wie in Rom) ein Schuldversprechen dadurch zu bekräftigen, daß man enorme Konventionalstrafen vereinbarte, und zwar tat man das in der Form, daß die Strafbestimmung als Hauptsache erschien und das eigentliche Schuldversprechen als Nebensache. Wer sich zur Zahlung von 3000 Dukaten zu einem bestimmten Termin rechtlich verpflichten und diese Verpflichtung durch eine Konventionalstrafe von 10 000 Dukaten befestigen wollte, drückte sich so aus: „Ich schulde 10 000 Dukaten; ich schulde sie nicht, wenn ich dann und dann 3000 Dukaten pünktlich zahle". Solche Schuldscheine wurden von den Gerichten ganz strikt behandelt, so daß keine Entschuldigung irgendwelcher Art die Verzugsfolgen milderte oder gar (wie nach dem deutschen Zivilgesetzbuch) der Richter das Recht gehabt hätte, die Höhe unmäßiger Konventionalstrafen zu mäßigen.

Erst im 18. Jahrhundert erging in England unter Königin Anna ein Gesetz, welches dem Schuldner gestattete, der Konventionalstrafe dadurch zu entgehen, daß er anstatt dessen nur Zinsen und Kosten zahlte. Es ist wahr, schon vor diesem Gesetz waren vielen Schuldnern ähnliche Erleichterungen zuteil geworden, aber nur mittelst einer Art von Gnadenakt, nämlich durch Spruch der sog. Equity Courts. Die schlimmsten Auswüchse der formalistischen Gerichtspraxis wurden schon seit dem 13. Jahrhundert dadurch beschnitten, daß der Lordkanzler in der sog. Curia regis in gewissen Fällen sich an die Stelle der ordentlichen Gerichte setzte und unter Beiseiteschiebung des geltenden formalen Rechtes nach Billigkeit (equity) Recht sprach. Aus dieser Jurisdiktion des Lord Chancellor und der Curia regis entwickelten sich die Equity Courts, welche bis 1873 neben den Courts of Common Law (den ordentlichen Gerichten) bestanden. Erst seit 40 Jahren also sind alle englischen Gerichte befugt, eine vernünftige Rechtsauslegung anzuwenden.

Insoweit kann man wohl sagen, daß Shakespeares Theaterpublikum sowohl die bindende Kraft des Fleischpaktes als die Buchstabenjurisprudenz der Portia ohne juristische Bedenken als dem englischen Common Law entsprechend hingenommen haben könnte. Man war eben das Stärkste von seiten der ordentlichen Justiz gewöhnt und durchaus abgehärtet gegen solche rechtliche Ungeheuerlichkeiten.

Trotzdem hält die Shylock-Geschichte auch dem Maßstab des englischen Rechtes im 16. Jahrhundert nicht stand. Aus folgenden Gründen: Kein englischer Court of Common Law (ordentliches Gericht) konnte auf einen anderen Gegenstand als auf Geldleistung, also Schuldsumme und Schadensersatz erkennen. Nur der Chancery Court, also der Billigkeits-Gerichtshof des Lordkanzlers, konnte auf eine individuelle Exekution, auf etwas anderes als auf Geld, erkennen. Das Pfund Fleisch konnte nur der Lord Chancellor dem Shylock zuerkennen. Da aber der Lord Chancellor die spezifische Instanz der Billigkeit ist, so wäre aus seinem Munde die Anerkennung des Shylockschen Anspruches ein Widersinn.

Andererseits aber ist der Fall des Shylock wie geschaffen, um seine Entscheidung nicht durch die Common Courts, sondern durch Equity Court zu finden. Ohne allen Zweifel würde gerade dieser Fall zu Shakespeares Zeit in England dem Lord Chancellor unterbreitet und von diesem so entschieden worden sein, wie es die Billigkeit erforderte, also im Ergebnis so, wie Portia entscheidet, aber gewiß nicht mit deren wortklauberischer Begründung, sondern in freier Würdigung der Unsittlichkeit sowohl des Paktes als der Exekution, also im wesentlichen so, wie es das deutsche Gesetzbuch und die natürliche Gerechtigkeit fordert.

Somit wäre der ganze Konflikt des Rechtshandels nach englischem Recht gar nicht möglich gewesen. Hätte Shakespeare die Szenerie nach London verlegt, so hätte er seinem Publikum einen handgreiflichen Widersinn aufgetischt. Aber auch umgekehrt konnte er nicht in dem venezianischen Milieu englische Einrichtungen auf die Bühne bringen wollen, weil eben in der rechtlichen Behandlung selbst nichts gestimmt hätte.

Den Gedanken, daß das Eintreten des Doktors in Padua so etwas wie Equity Court bedeute, wird man sofort wieder fallen lassen. Denn Portia bleibt ja auf dem Boden der peinlichsten Buchstabenjurisprudenz stehen.

Nein: Shakespeare hat den ganzen Vorgang den Verhältnissen seines Londoner Theaterpublikums örtlich und national so weit abgerückt, daß nur zweierlei Maßstab für die rechtliche Beurteilung in Betracht kam: entweder der spezielle Rechtsboden Venedigs, oder der ganz vage Maßstab allgemeiner Rechtsüberzeugungen, des Naturrechts.

In dieser Alternative Stellung zu nehmen, ist nicht schwer; denn die feste Grundlage des ganzen Stückes ist positiv venezianisch, wodurch der Maßstab des Naturrechts ausgeschieden oder doch auf diejenige Rolle zurückgedrängt wird, die das Naturrecht überall spielt, d. h. als Ausdruck der gesetzgeberischen Kritik. Wir sind für die rechtliche Beurteilung auf das Recht Venedigs angewiesen. Damit ist natürlich gemeint das Recht Venedigs, wie es sich in Shakespeares Drama selbst darstellt. Wir werden nicht der törichten Versuchung erliegen, daß wir unsere Kritik auf die Prüfung der Frage richten, ob Shakespeare das positive Recht Venedigs historisch zutreffend wiedergegeben hat. In allem Wesentlichen hat er es getan. Aber das interessiert uns ästhetisch und dramaturgisch nur insofern, als die dramatische Kraft und Wirkung bedingt ist durch die Stärke der Illusion, die das Schauspiel in uns hervorzurufen vermag. Wenn ein Meisterstück der Kunst außer allen anderen Vorzügen auch die Eigenschaft besitzt, daß die dichterische Illusion der wissenschaftlichen Kritik in der Behandlung des Stoffes standhält, so ist das nicht gleichgültig für die Wirkung und den Wert. Und gerade bei Shakespeare bewundern wir ja die wissenschaftliche Sachkenntnis in allen Dingen als ein Moment, das die künstlerische Wirkung vertieft. Wer in völlig kindlicher und voraussetzungsloser Arglosigkeit, ohne stoffliche Kritik, die Geschehnisse des Dramas hinnimmt, mag in seiner Art einen reinen Genuß davontragen. Wer aber lebendige historische Vorstellungen in sich trägt, wird einen weit stärkeren Eindruck empfangen, wenn diese Vorstellungen zu dem Hergang des Dramas stimmen. Wir steigern unseren künstlerischen Genuß, wenn es uns gelingt, die Geschehnisse des Dramas gegen einen großen kulturhistorischen Hintergrund zu stellen, an den wir glauben, den wir lebendig anschauen.

Und diese Probe besteht Shakespeare auch in bezug auf den juristischen Hintergrund seiner Szenerie im Kaufmann von Venedig.

Wohlverstanden: Der Spruch der Portia ist auch nach dem Rechte Venedigs juristisch falsch. Aber seine Voraussetzungen sind geschichtlich und rechtlich zutreffend und der ganze Hergang ist historisch möglich.

Was uns befremdet und was wir an unsere Vorstellung heranzubringen große Mühe haben, das ist ja eigentlich nur die Gültigkeit des Fleischpaktes.

Solche Abkommen sind aber nicht nur im frühen Mittelalter, sondern auch im 13., 14. und 15. Jahrhundert in Deutschland, in Skandinavien, in Italien vorgekommen und rechtlich als gültig anerkannt.

Aus den urkundlich überlieferten Belegen will ich nur drei Beispiele mitteilen:

Im Staatsarchiv zu Genua befindet sich eine im Jahre 1279 vor dem genuesischen Notar Pietro Bargone ausgestellte Urkunde, in welcher die Sizilianerin Cerasia sich einem gewissen Jacobus gegen freie Station und Geldleistung verpflichtet, ihm völlig zu Diensten und Befehlen zu sein. Wenn sie gegen die übernommenen Pflichten fehle, so solle Jacobus berechtigt sein, ihr die Nase oder eine Hand oder einen Fuß abzuschneiden und zwar ohne daß ihn irgendein Gericht dafür irgendwie zur Verantwortung ziehen könne.

In einer Kölner Urkunde vom Jahre 1263, welche vor Richter und Schöffen aufgenommen ist, verspricht ein Schuldner, wenn er gegen den Vertrag handle, sich enthaupten zu lassen.

In einer schlesischen Urkunde von 1250 unterwirft sich Konrad Blind vor dem Schultheiß der Todesstrafe, wenn er gewisse Handlungen gegen die Kirche begehe. Schultheiß und Gemeinde sollen dann den Verfall seines Lebens aussprechen.

Nichts aber spricht überzeugender für die Ernsthaftigkeit und Häufigkeit derartiger Verträge als die Tatsache, daß in einer Reihe von mittelalterlichen Rechtsquellen verboten wird, was Tacitus von den Germanen meldet, nämlich, daß im Spiele verwettet werden Auge, Nase, Ohren, Hand oder Füße.

Kurz, Shylocks Pakt war möglich und nach dem Recht jener Zeiten gültig.

Nun ist eines sehr merkwürdig. Niemals und nirgend wird berichtet, daß ein Gläubiger mit der Verstümmelung oder gar Tötung seines Schuldners Ernst gemacht habe. Auch im römischen Reich lag es so: Die XII Tafeln (wenigstens nach einer sehr verbreiteten Meinung) gaben, wenn mehrere Gläubiger konkurrierten, diesen ein Tötungsrecht: „Partes secanto, se plus minusve secuerint se fraude esto". Aber es wird berichtet, daß von diesem Tötungsrecht niemals Gebrauch gemacht sei.

Und darin gerade erblicke ich den Schlüssel für den dramatischen Vorwurf in Shakespeares „Kaufmann".

Ich glaube, Shakespeare ist durch die Frage geleitet worden: Was würde dann, was wird dann, wenn bei solchem Rechtszustand der Gläubiger darauf besteht, Hand an den Schuldner legen?

Wie nahe dieses Problem dem Gesichtskreis der Shakespeare'schen Zeit lag, ergibt sich aus einem italienischen Geschehnis, das der Biograph des Papstes Sixtus V., Gregorio Leti, berichtet und das im Jahre 1587, also einige Zeit vor der Abfassung des „Kaufmanns", stattgefunden hat.

Es heißt dort (ich berichte nach einer alten Uebersetzung):

„Es war die zeitung nach Rom gekommen, daß der Engelländische Admiral, Franciscus Draak, die stadt san Dominico, in der insul Hispaniola, erobert, und überaus stattliche beute daselbst gemachet hätte. Dem Herrn Paulo Maria Secchi, einem reichen und ansehnlichen kauffmanne in Rom, war dieses mit absonderlichen briefen zugeschrieben worden. Gleichwie er nun wegen seiner handlung an diesem ort einigen antheil hierbey hatte, und ein gewisser Jüde, namens Simson Ceneda, gleichfalls mit interessiret war; also ließ er denselben zu sich fordern, und erzählte ihm, was er vor eine post erhalten. Dem Jüden war nicht wenig daran gelegen, daß diese zeitung vor falsch möchte angenommen werden, und also fieng er an, das gegentheil zu behaupten, ja, weil er entweder seinen eignen affecten allzuviel gewalt über sich einräumte, oder in der that diesem gerüchte keinen glauben beymaß, oder endlich nur bey dem, was er einmal gesagt, halsstarrig bleiben wolte, so entfuhren ihm zuletzt diese worte: ich will ein pfund fleisch von meinem leibe verwetten, daß dieses nicht wahr ist; welcher art von wetten, die wahrheit zu bekennen, nur diejenigen sich zu bedienen pflegen, die in ihren meynungen recht hartnäckigt sind, wenn sie zum exempel sagen: ich verwette meinen kopff, ich verwette eine hand, u. s. w.

Secchi, welcher ein wenig stoltz und eigensinnig war, antwortete stracks auf diesen vortrag: und ich will gegen euer pfund fleisch tausend scudi setzen, daß solches wahr ist. Der Jüde blieb nichts destoweniger bey seinen worten so halsstarrig und vermessen, daß er augenblicklich mit dargebotener hand versetzte: wenn es dem Herrn gefället, wollen wir gar eine schrifft darüber aufrichten lassen; da denn auch Secchi, seinem wunderlichen kopffe folgend, so unbedachtsam handelte, daß er ohne verzug, in gegenwart zweyer zeugen, einen zettel verfertigte, dieses inhalts: Wenn die zeitung falsch seyn würde, daß Draak zu der und der zeit die stadt san Dominico in der insul Hispaniola eingenommen, solte der Herr Paulus Maria Secchi verbunden seyn, dem Jüden Simson Ceneda tausend scudi an baarem gelde und guter müntze auszuzahlen. Im gegentheil, wenn diese zeitung wahr seyn würde, solte der gedachte Secchi macht haben, mit seiner eignen hand, und mit seinem wohlgeschärfften messer, diesem itzt genenneten Jüden ein pfund fleisch von seinem leibe heraus zu schneiden, und und zwar an welchem orte es ihm am besten gefallen würde. Dieses billet ward recht ordentlich von denen haupt-personen, und von den beyden zeugen, deren einer ein Christ, und der andre ein Jüde, beyderseits aber kauffleute von ziemlichen mitteln waren, unterschrieben, und einer iedweden parthey eine abschrifft davon zugestellet.

Zu grossem unglück des Hebräers kam noch vor ausgang dreyer monate die gewisse und unfehlbare nachricht von der eroberung und plünderung dieser stadt. Secchi drang derowegen mit gewalt auf die erfüllung des aufgerichteten compromisses, und wolte noch darzu das versprochene pfund fleisch von keinem andern als einem solchen orte hinweg nehmen, welchen die geziemende bescheidenheit zu nennen verbeut, der leser aber schon vor sich mit leichter mühe wird errathen können. Der bekümmerte Jüde erbot sich, an statt dessen tausend scudi zu geben, als mit welcher summe auch er im falle des gewinns sich hätte müssen befriedigen lassen. Allein Secchi wolte durchaus von keiner andern gnugthuung hören, und schwur, er müste eben dasjenige haben, worzu sich jener anheischig gemachet. Weil nun der arme teuffel sich nicht zu helffen wuste, so lieff er zu dem Gouverneur, und bat, er möchte doch den Secchi zu annehmung der tausend scudi, an statt eines æquivalents, vermittelst seiner hohen autorität, anhalten. Dem Gouverneur war bekannt, wie gern der Pabst in dergleichen fällen die urtheile selber zu sprechen pflegte, und um dieser ursache willen hinterbrachte er ihm den gantzen handel, mit beygefügter bitte, diese streitigkeit durch seinen eignen ausspruch zu entscheiden. Sixtus ließ so wohl den Christen als den Jüden vor sich fordern, laß ihre schrifftliche obligation, und nachdem sie selbsten ihre klagen weitläufftig vorgebracht, erklärte er ihnen seine meynung mit folgenden worten: Es ist nicht mehr als billig, daß derjenige, so sich in wetten einlässet, denselben ein völliges genügen thue, und dannenhero wollen wir, daß auch die eurige aufs genaueste in acht genommen werde. So sucht demnach ihr euer messer hervor, und schneidet allhier in unsrer gegenwart aus dem leibe des Jüden, an welchem orte es euch gefället, ein pfund fleisch heraus. Allein gebt hierbey wohl achtung auf euch selbsten: denn wofern ihr nur ein eintziges quintlein zu viel oder zu wenig schneiden werdet, müsset ihr ohne eintzige barmhertzigkeit hencken. Solcher gestalt schärffe man das messer, und bringe eine richtige wage her, damit man ohne verzug zum handel schreiten könne.

Dem armen kauffmann Secchi kam bey anhörung dieses urtheils ein solches zittern an, als ob er einen anstoß von dem viertägigen fieber empfände. Er küssete mit thränenden augen zu des Pabsts füssen die erde, und gab mit seinen geberden genugsam zu verstehen, daß er sich nimmermehr einer so kühnen that unterfangen würde. Als ihn auch der Pabst fragte, was er nunmehro thun wolte, antwortete er weinend: ich bin zufrieden, heiliger Vater, und verlange weiter nichts, als dero benediction, und daß man den geschriebenen zettel zerreisse. Hierauf wendete sich Sixtus zu dem Jüden, und sagte: was sprichst aber du? bist du gleichfalls zufrieden? Der unglückselige Jüde, welcher sich glücklich schätzte, daß er einen so guten ausspruch erhalten, wohl wissend, daß es unmüglich seyn würde, bey dem schnitt das gewichte so genau zu treffen, gab zur antwort: vollkommen zufrieden, heiliger Vater. Allein der Pabst versetzte: Wir aber sind keines weges zufrieden, auch unser Gouverneur nicht, als das haupt unsrer justitz. Und was vor ein gesetz hat euch doch dergleichen wetten anzustellen gelehret? Die unterthanen der Fürsten, oder noch deutlicher zu reden, die menschen in der gantzen welt, haben nur den blossen gebrauch ihres leibes; sie können aber denselben weder gantz, noch zum theil verkauffen, wo ihnen nicht ihr oberherr solches ausdrücklich erlaubet.

Sie wurden demnach alle beyde ins gefängniß geführet, und dem Gouverneur befahl Sixtus zugleich, daß er aufs schärffste wider sie verfahren solte, damit sich andre an ihrem exempel möchten spiegeln, und so ärgerliche wetten unterlassen lernen. Der Gouverneur sagte: sie hätten allerdings verdienet, daß man einen iedweden um tausend scudi straffte. Doch Sixtus versetzte: So meynet ihr, hiermit sey es genug? soll denn auf solche art einem unterthanen frey stehen, nach seinem eignen gutdüncken mit seinem leben zu schalten und zu walten? Hat nicht der Jüde, indem er dem Secchi macht gegeben, ein pfund fleisch aus seinem leibe zu schneiden, sich einer augenscheinlichen todes-gefahr unterworffen? Und heisset dieses nicht, ein selbst-mörder werden? Hat nicht Secchi einen freywilligen todtschlag begangen, indem er die wette, dem Jüden ein pfund fleisch auszuschneiden, erstlich angenommen, hernach geschlossen, und zuletzt gar erfüllen wollen? Daß aber der Jüde von dem schnitt nothwendig habe sterben müssen, braucht keines weitläufftigen beweises; denn man darf nur die natur des orts ansehen, wo der andre solchen zu vollbringen gesonnen gewesen. Also sind nun dieses unstreitig zwey muthwillige todtschläger, und dieselben solten gleichwohl unter unsrer regierung mit einer blossen geld-busse loßkommen?

Der Gouverneur gab hierauf zur antwort: der kauffmann betheuerte gar hoch, daß es ihm niemahls in den sinn gekommen, die that würcklich zu vollziehen, sondern er habe sich nur also gestellet, damit er den Jüden beschämen, und ihm einige furcht einjagen möchte; Dieser letzte hingegen bezeugte gleichfalls, daß er sich in eine solche wette nimmermehr würde eingelassen haben, wenn er nicht geglaubet hätte, daß es niemahls zur erfüllung kommen würde. Sixtus ließ den Gouverneur nicht völlig ausreden, sondern fieng an: Ey, was vor glauben kan man solchen versicherungen beymessen, welche erst in unsrer und des richters gegenwart geschehen, und folglich von der furcht vor der gerechtigkeit ausgepresset sind? Man führe sie beyde zum galgen, und verurtheile sie zum tode; hernach wollen wir schon befehlen, was weiter mit ihnen soll vorgenommen werden.

Es ward also beyden das leben abgesprochen, und das urtheil gewöhnlicher massen publiciret. Wiewohl sich kein mensch erkühnte, diese sententz unbillig zu nennen, so gerieth doch iedermann in nicht geringe bestürtzung deshalben: denn Secchi hatte sehr vornehme und reiche verwandten, und der Jüde war einer von den ansehnlichsten ihrer synagoge, dergestalt, daß von beyden theilen sehr viel memoriale und bitten bey dem Cardinal Montalto einlieffen, daß er doch zum wenigsten lebens-gnade vor sie auswürcken möchte. Nun war es in der that keines weges des Pabsts ernst, sie hinrichten zu lassen, sondern er wolte nur die andern desto mehr schrecken, daß sie hinfüro in dergleichen fällen etwas vorsichtiger gehen lernten, und dannenhero ließ er sich leichlich überreden, den beyden verbrechern an statt der todes-straffe die galeren zu zuerkennen. Er erbot sich aber, auch dieses letzte ihnen zu erlassen, wenn es ein iedweder mit zweytausend scudi erkauffte, welches geld zu dem neuangefangenen bau des hospitals di Ponte Sisto solte angewendet werden. Jedoch durfften sie sich auf seinen ausdrücklichen befehl vermittelst dieser summe nicht eher loßmachen, als biß man ihnen schon die ketten an die füsse geleget. Auf solche art erlangten sie ihre freyheit; und dieses war das erstemahl, daß Sixtus ein schon gesprochenes urtheil linderte, und den verbrechern gnade ertheilte."

Bedenkt man, daß Shakespeare in den Jahren 1585 bis 1590 aus England verschwunden war und so gut wie sicher in dieser Zeit auch in Italien gewesen ist, so kann man sich der Vermutung nicht verschließen, daß Shakespeare diesen Vorgang gekannt hat.

Nebenbei bemerkt: aus Letis Buch hat Shakespeare die Geschichte nicht erfahren, denn dieses Buch ist erst nach 1630 erschienen. Aber, wie gesagt, es ist sehr wahrscheinlich, daß Shakespeare den Hergang selbst in Italien gehört hat, wo dieser zweifellos, wie eine Reihe anderer berühmter Justiz-Exempel des Papstes Sixtus, Aufsehen erregt und allgemeine Besprechung gefunden hat. Die Sixtinische Fleischpfand-Geschichte steht nun wahrscheinlich in einem psychologischen Zusammenhang mit einem uralten Märchengegenstande. In alten buddhistischen Märchen kommt schon die Geschichte eines Mannes vor, der von einem Kaufmann Geld leiht und diesem ein Pfund Fleisch verschreibt. Diese Geschichte kehrt in den Sagen verschiedener asiatischer Völker wieder. In Europa taucht der Erzählungsgegenstand schon in dem Märchen- und Legendenbuch, das unter dem Namen Gesta Romanorum bekannt ist und wahrscheinlich im 13. oder 14. Jahrhundert in England entstanden ist, in einer Gestalt auf, welche mit der Handlung des Shakespeare'schen Dramas die auffallendste Ähnlichkeit hat.

Es wird dort erzählt: Ein Ritter freite um die Tochter des Königs Lucius. Zur Freiung bedurfte er einer Summe von tausend Mark. Er bat einen Kaufmann, ihm diese Summe auf seine Habe zu leihen. Nun fährt die Erzählung fort*):

„Das wollte der Kaufmann jedoch nicht, aber Eins, wenn ihm das gefiele, wolle er für ihn machen, daß er ihm das Versprechen gäbe, wenn er innerhalb drei Tagen ihm die tausend Mark nicht entrichten könne, ihm alsdann ein schwer Stück Fleisch von seinem Leibe schneiden zu lassen, wo er es nur haben wolle, und er solle ihm einen Brief darüber geben, der mit seinem Blute geschrieben sey. Dieses Pfand und Gelübde nahm der Ritter an und gab ihm darüber einen Brief, so wie er begehrt hatte. Hierauf gab ihm der Kaufmann das Geld, und er ging mit demselben gen Hofe und begab sich zu der Jungfrau. Die Jungfrau behielt ihn eine ganze Woche bei sich in ihrer Kammer, ohne daß Jemand darum wußte. Aber mitten unter diesen Freuden vergaß er das Gelübde, welches er dem Kaufmanne gethan hatte, und als er daran gedachte, da erschrack er sehr und begann kläglich zu weinen. Da fragte ihn die Jungfrau, warum er also thue und was ihm geschehen sey. Da sagte er ihr, wie er sich gegen den Kaufmann verpflichtet und wie er nun den Tag versäumt habe, und das sey die Ursache seiner Klagen. Da tröstete ihn die Frau und sprach: gehe zu ihm und biete ihm sein Geld an, und ist es, daß er es nicht nehmen will, so frage ihn, was er denn von Dir haben will und komme dann zu mir, daß ich es Dir geben kann. Das that der Ritter und ging zu dem Kaufmann und bat ihn, er solle

---

*) Ich folge der Übersetzung von J. G. T. Grässe (Dresden und Leipzig. 1842).

sein Geld nehmen, der aber wollte ihn schlechterdings nicht erhören und sprach, er wolle sich an seinen Brief halten und nicht anders thun, und führte ihn sogleich vor den Richter. Nun war aber das Recht des Gesetzes, daß wozu sich einer willig verbunden hatte, das mußte er also ausrichten. Es hatte aber die Frau Boten ausgesandt, die nachsehen und sich erkundigen sollten, wie es ihm erginge. Die kamen aber zu ihr zurück und sagten ihr, er stehe gefangen vor Gericht. Das erschreckte sie sehr, und sie legte eilig Mannskleider an, setzte sich auf ein Pferd und ritt zu dem Gerichte und ward von Jedermann für einen Ritter gehalten. Da ging sie zu dem Kaufmann und fragte ihn, ob er Geld nehmen und sich seines Zornes gegen den Ritter abthun wolle. Das wollte der Kaufmann aber nicht erhören, und da die Frau vernahm, daß ihr kein Gut bei ihm helfen möge, da sprach sie: wohlan, da sich dieser Ritter des verbunden hat, so soll er seinem Versprechen also nachkommen. Nun wisset Ihr wohl, daß des Gesetzes Recht ist, wer eines Menschen Blut vergießt, dessen Blut soll wieder vergossen werden. Nun hat sich dieser Ritter verbunden, daß, so er den gesetzten Tag versähe, man ihm dann ein schwer Stück Fleisch von seinem Leibe schneiden könnte, wo Ihr es haben wolltet. Nun ist der Ritter bereit, seinem Gelübde nachzukommen, aber Du mußt das so machen, daß Du sein Blut nicht vergießest. So Du aber doch sein Blut vergießen wirst, so wird billig erkannt, was Du ihm dafür schuldig bist. Da das der Kaufmann vernahm, hätte er sein Geld gern genommen. Da sprach aber die Frau: nein, das geschieht nun nicht, da Du es vorher nicht hast annnehmen wollen, und rufte die Richter darum an, daß sie sagen, was Rechtens wäre. Die entschieden aber allerseits, daß der Kaufmann schneiden dürfe, vom Blutvergießen aber nicht die Rede seyn könne, und der Ritter also billig zu entlassen sey. Wie jene das vernahm, dankte sie dem Richter und zog also von dannen, ritt wieder an ihren Hof, legte das Gewand von sich und kleidete sich wieder in ihre Kleider, als ob sie gar nicht fort gewesen wäre."

Noch genauer ist die Übereinstimmung der Shakespeare'schen Behandlung mit einer italienischen Novelle des Ser. Giovanni Fiorentino aus der Sammlung, welche „Il Pecorone" heißt, 1378 geschrieben und 1558 zuerst gedruckt wurde. Diese Novelle ist unzweifelhaft eine Fortbildung der Erzählung der Gesta Romanorum.

Der Geldleiher ist hier ein Jude und er wird nur „der Jude" genannt. Er wohnt in Mestri bei Venedig. Der Schauplatz der Handlung ist Venedig. Das Fräulein wohnt in Belmonte. Ihr Bewerber, der nicht Bassanio, sondern Gianetto heißt, leiht nicht selbst das Geld vom Juden, sondern für ihn tut es sein Freund — nicht Antonio — sondern Ansaldo.

Ich muß es mir versagen, auf noch andere Quellen einzugehen, aus denen, wie man sich auszudrücken pflegt, Shakespeare „geschöpft" hat.

Für die Frage, welche hier interessiert, haben diese Dinge nicht die Bedeutung von Quellen. Vielmehr bin ich der Meinung, daß Rückerts Wort auf sie paßt: „Die Rose stand im Tau; es waren Perlen grau. Als Sonne sie beschienen, wurden sie zu Rubinen".

Die Sonne Shakespeare'scher Kunst hat jene Erzählungen bestrahlt und geadelt. Die ewigen Probleme des Lebens, hier die Phänomene der Rechtskonflikte, hat der Genius wie im Brennspiegel zusammengefaßt. Weit entfernt von Tendenz, hat Shakespeare in seinem Drama mit intuitiver Erkenntnis und mit weltumfassendem Humor der Welt den Spiegel des Rechtslebens vorgehalten. Wie Recht zum Unrecht, Unrecht zum Recht wird, wie in ewigem Konflikte das Ideal und die Wirklichkeit kontrastieren, wie durch Übertreibung, Übermut und Rechtsbruch in grausamer Opferung derjenige zermalmt wird, der sich auf die Unbeugsamkeit formalen

Rechtes verläßt, dies alles spiegelt sich in dem tragischen Schicksal Shylocks.

Shakespeare läßt in eben diesem Sinn den König Johann sagen:

> So groß ist der Verderb der Zeit,
> Daß wir zur Pfleg' und Heilung unseres Rechts
> Zu Werk nicht können geh'n, als mit der Hand
> Des harten Unrechts und verwirrten Übels.

Printed by Libri Plureos GmbH
in Hamburg, Germany